STANISLAS DE GUAITA

392

La Muse Noire

La Muse Noire — Heures de Soleil

FAC ET SPERA

PARIS

ALPHONSE LEMERRE, ÉDITEUR

27-31, PASSAGE CHOISEUL, 27-31

M DCCC LXXXIII

LA MUSE NOIRE

LA MUSE NOIRE — HEURES DE SOLEIL

IL A ÉTÉ TIRÉ DE CET OUVRAGE :

10 exemplaires sur papier de Hollande.

10 —   — de Chine.

STANISLAS DE GUAITA

La Muse Noire

La Muse Noire — Heures de Soleil

PARIS

ALPHONSE LEMERRE, ÉDITEUR

27-31, PASSAGE CHOISEUL, 27-31

—

M DCCC LXXXIII

Au Maître

Ch. LECONTE DE LISLE,

Poète absolument parfait,

Ce livre est dédié en témoignage de ma profonde admiration.

S. DE G.

> Cecy est un livre de bonne foy.
> MONTAIGNE.

COMME l'écho bavard des sonores clairières,
Dans les sombres taillis profonds, sur les lisières,
Redit toutes les voix dont la forêt s'emplit,
Depuis le gazouillis des oiseaux dans les chênes
Jusqu'aux grondements sourds des tempêtes prochaines
Et du torrent captif bondissant dans son lit;

Selon qu'un spectre laid a passé sur ma face,
Ou que le noir souci de mon cerveau s'efface
Au sein d'une flambée étincelante d'or,
Je chante la Tristesse ou je chante la Joie,
Et mon cœur, que ce livre à tous les yeux déploie,
Se crispe dans l'angoisse — ou dans la paix s'endort.

I

Je veux naïvement, suivant la mode ancienne,
Ouvrir ma porte à l'air, au soleil ma persienne ;
Ne rien cacher — suave ou sinistre frisson. —
Mais je t'en avertis : souvent la girouette
Tourne ; car hier soir je hélais la chouette,
Et ce matin, Lecteur, j'appelle le pinson.

S. DE G.

LA MUSE NOIRE

LA

MUSE NOIRE

A Joseph Gayda.

I

Je vis une négresse aux formes opulentes
Dont les yeux, pleins d'amour, d'attirance et d'ennui,
Reflétaient vaguement les étoiles tremblantes,
Mouches d'or au manteau bleu foncé de la nuit.
Je vis une négresse aux formes opulentes.

II

Ange de la Douleur qu'on ne peut consoler,
Elle avait dans le Ciel deux ailes étendues,
Qu'elle agitait parfois, comme pour s'envoler,
En songeant au trésor des voluptés perdues, —
Ange de la Douleur qu'on ne peut consoler.

III

De son corps ruisselait l'effluve des luxures
Et des rares désirs inassouvis toujours.
Sa gorge palpitait, où saignaient des morsures
Ouvertes sous la dent féroce des amours.
De son corps ruisselait l'effluve des luxures.

IV

Pleins d'étoiles, des pleurs roulèrent de ses yeux
Où flamboyait l'orgie en sa splendeur païenne.
— « Femme, dis-je, pourquoi ces pleurs silencieux?
Femme, quel est ton nom? Quelle peine est la tienne? »
Pleins d'étoiles, des pleurs roulèrent de ses yeux.

V

— « Je suis la Muse noire, orgueilleuse et jalouse.
Les poètes, parfois, dans le rire banal
Qui tord les amoureux naïfs, — sur la pelouse, —
Fuient mon baiser sinistre, enivrant, infernal :
Je suis la Muse Noire, orgueilleuse et jalouse.

VI

« Mais, lassés tôt ou tard de l'idylle au soleil,
Entre mes bras bistrés et chauds, les grands poètes
Reviennent savourer le plaisir sans pareil
Où se vident leurs os, où fermentent leurs têtes ;
Car ils en ont assez, de l'idylle au soleil !

VII

« Car ils en ont assez, des caresses sans larmes
Et des transports bénins de l'Amour qui rougit...
A mon baiser savant ils retrouvent des charmes,
Quand ma chair est de feu, quand ma bouche rugit !
Car ils en ont assez, des caresses sans larmes !

VIII

« O vous que de son doigt Béatrix a touchés,
Sucez le désespoir à mes deux seins de cuivre,
Le désespoir si doux!... Entre mes bras couchés,
Vous saurez sangloter, jouir, chanter et vivre,
O vous que de son doigt Béatrix a touchés! »

IX

La superbe négresse amoureuse et farouche
Pour un lascif baiser tendit son corps vermeil.
Je m'éveillai, sentant un frisson sur ma bouche...
Dans le tourbillon fou des choses du sommeil
S'envolait la négresse amoureuse et farouche.

Mars 1883.

La Disgrâce de la Lyre

A Armand Silvestre.

I

Lorsqu'aux doigts d'un mortel vibrait la grande Lyre
O Muse, où sont les temps où pleuraient les lions,
Où dansaient les rochers, en proie au saint délire,
Sous le regard ému des constellations?

Eurydice rendue à la vie! — O trophée
D'un poète vainqueur de l'Érèbe attendri!...
Pluton n'écoute plus les chants plaintifs d'Orphée :
La clémence infernale est un ruisseau tari.

Le chêne, inattentif aux Lyriques sublimes,
Ne penche plus le front pour entendre leurs voix,
Et le tigre royal, en quête de victimes,
Poursuit, indifférent, sa chasse, au fond des bois.

La foule, que ravit le jeu des saltimbanques,
Lorsque chante Erato, se met à rire, ou dort,
Ou court mêler ses cris à la rumeur des banques :
Là n'a jamais pleuré le luth aux cordes d'or !

Pour les divins concerts l'homme n'a plus d'oreilles !
Pour les splendeurs du Beau le peuple n'a plus d'yeux !
De l'Art miraculeux dédaignant les merveilles,
L'humanité stupide a renié ses dieux...

II

Si tout être animé s'effaçait de la terre,
La brise, balançant l'âme des églantiers,
Embaumerait encor la plaine solitaire,
Les bois silencieux et leurs vides sentiers ;

Et, sans se demander qui boira dans son urne,
La source laisserait jaillir son filet bleu ;
Les astres flamboieraient au firmament nocturne,
Ignorant quels déserts doit éclairer leur feu.

. . . .

Ainsi, chantons encor, Muse, l'épithalame !
Poètes, pour lui-même il faut chérir le Beau,
Et, sans daigner savoir sur qui brille la flamme,
Sur le front de l'aveugle allumer le flambeau !

Juin 1883.

Découragement

A Maurice Barrès.

PUISQUE, dans mon esprit, il n'est pas de sillon
Où fleurisse à l'écart une plante nouvelle;
Puisque, dans aucun pli de ma pauvre cervelle,
Une pensée *à moi* ne fait explosion;

Puisque c'est un accent banal — dérision! —
Que celui de mon cœur vibrant sous la mamelle;
Des pleurs banals, que ceux dont brille ma prunelle;
Je veux borner l'essor de mon ambition :

Je veux, pareil aux clowns de nos cirques, — fantasque,
Grimaçant, ricaneur, — mais rageant sous le masque,
Aller, semant le rire, ainsi qu'un homme soûl!...

Pauvre Arlequin, tais-toi! — car, avant ta naissance,
Que d'autres ont ainsi déguisé l'impuissance!
Va! c'est déjà trop *vieux,* de s'habiller en fou!

Mai 1882.

Nihilisme

LA stupeur opaque des nuits,
Vides d'astres et de lumière,
Toutes pleines de noirs ennuis,

Sur mon front et sur ma paupière
S'appesantit lugubrement,
Froide et lourde comme la pierre.

Tout est morne. — Le firmament
Verse des larmes en silence
Sur le monde ignoble, où tout ment.

Le sein percé d'un coup de lance,
Je rêve, à ma table accoudé,
Et mon cœur bondit et s'élance

Vers mon rêve, d'attraits fardé,
Tentant comme une belle femme,
Décevant comme un coup de dé.

Mon rêve saint — mon rêve infâme,
C'est de détruire l'Univers,
Vieux corps maudit qui n'a plus d'âme !

Il mourra... mais, Monde pervers,
Je voudrais t'offrir en pâture
Au Néant, et non pas aux vers !

Tu tomberas en pourriture...
Mais tes fumiers refleuriront :
Les choses meurent ; — la Nature

Et la Force toujours vivront !...
L'Éternité de l'Éphémère
Jette un crêpe noir sur mon front :

Je maudis la Nature-Mère !

Janvier 1883.

L'Enfer du Cœur

A un pauvre Fou.

COMME l'enfer chrétien, vaste océan de flammes,
Où — dit-on — les Orgueils, les Vices libertins,
Le Schisme, l'Hérésie et les Crimes infâmes,

Incarnés dans les Faust et dans les Arétins,
Se convulsent, — ton cœur est plein de spectres blêmes,
De damnés clabaudant et d'affreux diablotins.

Là germent les Fureurs; là hurlent les Blasphèmes;
Là croupissent les Deuils avec les Désespoirs;
Là — tels des scorpions se poignardant eux-mêmes —

Eux-mêmes les Remords griffent leurs membres noirs;
Là règne une Terreur de l'abîme venue;
Là rampent les Instincts dans de sombres couloirs.

Et tout cela, brûlé d'une flamme inconnue,
Se lamente et vagit, pêle-mêle entassé;
Sans pudeur étalant votre chair toute nue,

Vous habitez ce cœur, fantômes du passé :
Amitiés que l'on trompe et Serments qu'on renie,
Et Relents d'un amour par le dédain blessé!

Dieu — dit-on — soucieux d'aiguiser l'agonie
Dont vivent les damnés sans espoir de trépas,
Leur ravit la lumière, en sa haine infinie.

Un brasier ténébreux dont l'homme est le repas,
Tel est l'enfer chrétien. — Ton cœur est de la sorte;
Le feu qui le rôtit ne l'illumine pas :

Ta Douleur vit toujours, — mais ta Raison est morte!

Décembre 1881.

La Mort

SOURIRE OU RICTUS?

———

A Émile Michelet.

I

LE calme Sourire des morts
Charme étrangement ma prunelle.
Ainsi, dans la nuit éternelle
Nous nous endormons sans remords!

Ah! ce n'est plus nous que tu mords.
Souffrance, à l'heure solennelle!...
Le calme Sourire des morts
Charme étrangement ma prunelle.

L'Ange Fatal nous touche. — Alors,
Sur notre lèvre criminelle,
(Menteuse jadis, ou charnelle),
Tu te poses et tu t'endors,
O calme Sourire des morts !

II

La Mort douce et sereine — étrange statuaire —
Décuple les attraits de l'humaine Beauté,
En la pétrifiant dans l'immobilité,
Sous les plis réguliers et pâles du suaire.

Splendeur marmoréenne, éclose au sanctuaire
Funèbre, — sous le doigt de la Nécessité,
Tu ne fleuriras pas pour l'immortalité :
Quand sera consumé le cierge mortuaire,

Tu te seras éteinte : un secret mouvement,
Invisible, mais sûr, travaille incessamment
Jusqu'en ses profondeurs, le cadavre immobile,

Qui, petit à petit, prend un masque attristé,
Car la Laideur, vers lui, rampe comme un reptile,
Et trônera bientôt où trônait la Beauté.

III

Le lugubre Rictus des morts
Hante sans pitié ma prunelle.
Au sein de la nuit éternelle,
Traînons-nous en croupe un remords?

Souffrance, est-ce que tu nous mords,
Quand sonne l'heure solennelle?...
Le lugubre Rictus des morts
Hante sans pitié ma prunelle.

Le cheval rit, mâchant son mors :
Rire affreux que sa dent crénelle !...
— O ressemblance fraternelle
Avec nos traits, quand tu les tords,
Formidable Rictus des morts !

Avril 1883.

A un Poète épicurien

Ceux-là, je les admire,
Qui, tout fleurant la myrrhe,
De pampres couronnés, —
Sont étonnés

De voir qu'un homme pleure,
Quand, pour lui, sonne l'heure
D'abandonner aux vers
Ses flancs ouverts.

O mon très doux poëte,
Dont la lyre interprète
Horace, — ce vaurien
    Épicurien, —

Tu dis : « — Telle une rose —
A la bise morose
Mon Être, qui pliera,
    S'effeuil'era!... »

Je t'admire et t'envie :
Tu chantes à la vie
Un adieu si riant,
    Insouciant!

O destin plein de charme!
Tomber sans une larme,
Et perdre sa couleur
    Comme une fleur!

Dans la tombe, à t'entendre,
Tout gai, tu vas t'étendre
Pour l'éternelle nuit, —-
    Et, sans ennui,

Tenir la Mort glacée
— Comme une fiancée —
Sur ton sein... tendrement...
— Et c'est charmant !

Mais pardonne, ô mon barde !
Quand à la mort blafarde
Je songe, chancelant,
Je suis tout blanc ;

Et ma pâleur ressemble
A la clarté — qui tremble —
D'un funèbre flambeau
Sur un tombeau.

Août 1883.

Indécision

A Léon Sorg.

I

COMME une femme mûre, ayant vécu beaucoup,
Veut repasser sa vie au miroir d'un long rêve,
Et, fermant la paupière, évoque coup sur coup

La valse des plaisirs de son enfance brève,
Et le fou tourbillon soyeux des vanités
Dont ses vingt ans coquets se grisèrent sans trêve,

Et le flot savoureux des fortes voluptés
Dont sa nubile ardeur se soûla : — doux vestige
Des jours morts ! O tiédeur des printemps ! Chauds étés !

Elle glisse, éperdue, aux gouffres du vertige,
Et se jette aux clartés des souvenirs anciens,
Comme au feu la phalène imprudente voltige.

Dans un bal tournoyant elle revoit les siens
Amoureux, dont plusieurs, partis pour l'autre monde,
Sont ressuscités par ses yeux magiciens...

O femme, est-elle gaie ou triste, cette ronde ?

II

Ainsi, bien que très jeune encor, fermant les yeux
A mon terne présent, tout plein d'ombre équivoque,
Je songe à mon passé, lugubre ou radieux :

O Nuits d'ébène, et vous, Jours d'or, je vous évoque!
Comme vous surgissez de l'abîme, à ma voix!
Fantômes de tout lieu, spectres de toute époque,

Au hasard, pêle-mêle enlacés, je vous vois,
Sous le soleil qui flambe, ou sous la lune pâle,
Danser, en fredonnant les chansons d'autrefois!

Suis-je vieux? Sur ma joue est-il des tons de hâle?...
Je ne sais trop, étant très heureux — et navré,
Si mon cœur bat plus vite, — ou si ma gorge râle!

— Tout en riant, parfois, n'avez-vous pas pleuré?
— N'était-elle pas belle et laide, la Chimère?
— Tel vin laisse-t-il pas au palais enfiévré

Une étrange saveur, très douce — et très amère?

Avril 1883.

La petite Mendiante

A Albert Allenet.

I

C'ÉTAIT un jour de juin étincelant et clair.
Un murmure indécis sortait de toute chose,
Et le léger parfum de l'églantine rose
Et du troène blanc flottait, diffus dans l'air.

J'étais au bois — divine école d'esthétique. —
Mon âme bondissait et mon œil regardait,
Et, le Monde chantant son éternel cantique,
Mon cœur, comme un intime écho, lui répondait.

Les grands chênes, au vent, redoublaient d'harmonie ;
Le ciel, ruisselant d'or, d'argent et de saphir,
Pleuvait dans les sapins, sous l'émoi du zéphyr,
Et le sol fourmillait de lumière. — O Génie

Universel, ô Pan ! Sur la rive des mers
Le cri qui résonna fut un affreux blasphème,
Quand le nautonier grec, frappé de stupeur, blême,
Entendit une voix jaillir des flots amers :

« Pan, le dieu Pan est mort ! » — Il palpite, il respire
Dans la terre et le ciel : jamais il ne mourra !
Sa voix, sa grande voix toujours retentira
Dans l'onde qui mugit, dans le vent qui soupire !

Gloire à Pan ! C'est de lui qu'émane l'Art sacré !
C'est lui que nous chantons, quand nos chants sont sublimes ;
C'est lui qu'il faut sertir en gemme, dans nos Rimes...
— « Un sou, Monsieur ! J'ai faim, et j'ai beaucoup pleuré. »

Un enfant, à mes pieds, faisait cette prière,
D'une timide voix, navrante de douceur,
D'une charmante voix, à déchirer le cœur.
Dans le ciel de midi bondissait la lumière.

J'arrachai mon regard du ciel illimité,
Et, devant moi, je vis une petite fille
En haillons, cheveux courts, errante et sans famille,
Qui me tendait la main avec humilité.

Comme tout mendiant qu'on chasse et qu'on bafoue,
Elle avait l'œil craintif, et scrutateur, et prompt.
Les précoces soucis avaient ridé son front;
La faim habituelle avait creusé sa joue.

Sur son mince visage, encadré de cheveux
Très blonds, — sur son visage où l'angoisse était peinte,
La Grâce souveraine avait mis son empreinte.
Encore que mignons, ses traits étaient nerveux.

II

— Pauvre chétive enfant! Pâle blonde qui vagues,
Toute seule, écorchant aux ronces tes pieds nus,
Et parcours en pleurant les sentiers inconnus,
Au gré de tes instincts irréfléchis et vagues!

Toi qui n'as même pas une hutte de bois
Où reposer ton corps frileux et diaphane,
Ton beau front qu'en janvier l'âpre bise profane,
Ton front par le mépris souffleté tant de fois!

Sans doute, tu naquis d'une amour éphémère,
D'un rapide baiser, éclos dans les blés mûrs,
Où deux noirs vagabonds, joignant leurs sorts obscurs,
Obéissaient aux lois de la Nature-Mère;

Et, quand tu vis le jour, ton corps frêle et rosé
Subit les hivers froids et les étés torrides. —
Ton visage, où déjà se dessinent des rides,
Ta mère, pauvre enfant, ne l'a jamais baisé!...

Que vas-tu devenir, petite abandonnée,
Dans le monde méchant, railleur, obscène et dur?
Ton cœur sera souillé, lui si doux... lui si pur...
O ma mignonne sœur, pourquoi donc es-tu née?

Regarde l'avenir. Quel sinistre horizon!
Ah! maudis tes parents! Ils ne t'ont pas tuée :
Pour toi, dans quelques jours, s'ouvrira la prison,
Et tu seras, plus tard, une prostituée!

Quand ta chair sera mûre, alors tu la vendras !
Couchée entre l'Ivresse et le Cynisme infâme,
Tu riras le gros rire, — et, dans d'ignobles draps,
Tu pleureras aussi les gros pleurs, pauvre femme !...

Ainsi je méditais, oubliant de poser
Dans sa petite main suppliante une obole,
Sur son front délicat et naïf un baiser,
Dans sa craintive oreille une douce parole,

III

Pan n'est pas mort, c'est vrai. — Mais entend-il nos cris ?
Sans se douter que l'homme est là, qui se lamente,
Il garde sa grandeur et garde son mépris,
Et jette au vent sa voix formidable ou charmante.

— Plutôt que de chanter la gloire du Soleil,
Les imposantes voix de la Grande Nature,
(Inhumaine Beauté, mère impassible et dure),
Et la splendeur du ciel flamboyant et vermeil ;

Plutôt que de chanter l'Univers — masse inerte; —
Plutôt que de chanter ce qui n'a pas de cœur:
La forêt sans écho pour l'humaine douleur,
Et la montagne bleue, et la campagne verte;

Chantons les Passions et leur brûlant éclair;
Chantons l'homme-forçat et la femme-victime;
L'Amour qui lave tout; le Dévoûment sublime;
La Misère qui crie et grelotte en plein air!

Devant l'immense Pan radieux et sonore,
Haletant, ébloui, je n'avais qu'admiré;
Devant la pauvre enfant sans guide, j'ai pleuré,
Et des pleurs valent bien « les larmes de l'Aurore! »

Août 1882.

Les Noyés

La trompette a sonné l'heure du Jugement.
Tous les morts endormis au ventre de la terre
S'éveillent; vers le ciel lugubre et solitaire
Ils tournent leur œil vide avec effarement.

Et les pâles noyés, silencieusement,
De l'océan grondeur, qu'une Voix a fait taire,
Émergent, — et sur eux plane le grand mystère
Du Bonheur infini, — de l'éternel Tourment.

Vers les lieux inconnus où l'On rend la justice,
— Pour que l'un soit heureux et que l'autre pâtisse —
L'Ange les portera de son vol calme et lent.

Et tous, en attendant — les Bons, les Anathèmes —
Tendent leurs bras maigris, et crispent leurs doigts blêmes
A quelque vieille épave, au gré des flots roulant.

Juin 1883.

Les Spectres

A Maurice Rollinat.

Toi qui sais lire dans le vide
 Où tes grands yeux hallucinés
Se fixent, — comme fascinés
Par une vision livide ; —

Toi dont l'imagination
Peuple l'Univers de fantômes ;
Toi qui vas, scrutant les symptômes
De ta morbide affection ;

Homme subtil, dont la Névrose
Convulse l'esprit inquiet,
Rarement tu flaires l'œillet,
Rarement tu cueilles la rose.

La Jusquiame — sombre fleur —
C'est là ce que ta main cultive,
Sur quelque fantastique rive
Où sont des arbres qui font peur.

Ton cœur, poète, est un abîme
Où tourbillonnent le Remord,
Et l'âpre Passion qui mord,
Et le Spleen au sanglot sublime.

J'aime le miroir infernal
Où les choses — que nos yeux ternes,
Comme à la lueur de lanternes,
Ne voient que sous un jour banal —

Prennent des teintes insensées
Sous ton regard sombre et puissant ;
Où tu fais voir couleur de sang
Des fleurs qui nous semblaient rosées.

Rebelle à la Réalité,
Peut-être que notre œil débile
Ne sait pas distinguer les mille
Spectres dont le monde est hanté ;

Peut-être marchons-nous sans crainte
Parmi de dangereux Esprits,
Sans entendre leurs méchants cris,
Sans frissonner à leur étreinte,

Et subissons-nous le baiser
De quelque effroyable vampire,
Dont viennent les lèvres de cire
Sur nos deux lèvres se poser.

Qui sait? Dans les nuits d'insomnie
Où nos crânes semblent vidés
Et nos visages inondés
De la pâleur d'une agonie,

Peut-être un fantôme vainqueur
A-t-il sur nous collé sa bouche,
Et, se vautrant sur notre couche,
Sucé le sang de notre cœur?

Avril 1883.

Fantaisie Césarienne

I

Sur le triclinium de pourpre orientale
L'Empereur des Romains indolemment s'étale,
Absorbé tout entier dans son mortel ennui.
Rien ne lui sourit plus : ni la toute-puissance,
Ni le vaste Univers servile qui l'encense,
      Le front prosterné devant lui;

Ni les splendeurs ni les flamboiments des orgies;
Ni les chants triomphaux; ni les coupes rougies
Par les vins savoureux qui ruissellent dans l'or;
Ni la vierge ignorante et pure, qu'il déprave
Aux regards des parents; ni le très jeune esclave,
   Ce fruit qui n'est pas mûr encor!

Il a tout épuisé : les Plaisirs et les Crimes;
Il a bu, souriant, les cris de ses victimes. —
Sans pouvoir assouvir sa bestialité,
Il a souillé son lit d'accouplements atroces,
Attisant toujours plus, dans ses amours féroces,
   Le feu de sa lubricité.

L'Empereur est plongé dans l'ennui. — Comment faire
Pour découvrir un jeu qui puisse encor lui plaire?
A le créer — hélas ! — l'esprit est impuissant!...
Ourdissant en son cœur des trames ténébreuses,
Le tyran fait rouler, dans leurs orbites creuses,
   Ses deux yeux injectés de sang.

II

Il se dit : — « J'ai l'Empire et la Force infinie.
La Pudeur, la Pitié ne parlent plus en moi;
Mais je sens, sous mon front, palpiter le Génie!

« Eh bien, je veux en faire un formidable emploi,
Et tordre un Être, dans une telle agonie,
Que tes dents, ô Minos, en claqueront d'effroi!

« On prétend que tu sais, juge du noir Tartare,
Lorsqu'un grand criminel chez les Ombres descend,
L'affliger d'un tourment épouvantable et rare :

« Je m'exercerai, moi, sur un pauvre innocent!
Tu me diras — après — si les dieux du Ténare
Torturent aussi bien que César tout-puissant!

« Je veux qu'un jour entier, ma victime rebelle
Se torde, le corps nu, brûlée à petit feu ;
Que ce soit une femme — et qu'elle soit fort belle.

« Oh ! supplice très doux à voir, digne d'un dieu !
De douleur jaillira le lait de sa mamelle
Sous le regard du ciel ironiquement bleu ;

« Puis son petit enfant la verra, toute nue,
Par la flamme léchée abominablement ; —
Les lueurs du brasier sur sa gorge charnue

« Courront ; — elle criera, pleine d'effarement ; —
Et l'horreur crispera ta figure ingénue,
Jeune fils, à l'aspect du maternel tourment !

« Moi, je rirai bien fort : ma chair voluptueuse
Tressaillera de joie, et mon généreux cœur
Frémira — comme au vent du nord frémit l'yeuse !

« Alors on comprendra ma force et ma grandeur,
Et le peuple, flattant ma cruauté joyeuse,
S'écrira : — Vive Rome, et vive l'Empereur ! »

III

Ainsi rêve, absorbé dans sa fureur auguste,
L'Imperator romain, très clément et très juste.

Juillet 1880.

L'Impuissant

A André Tulpain.

I

« L ES poètes d'autrefois
Ont trop chanté la nature !
Ils s'égaraient dans les bois,
Les poètes d'autrefois, —
Et, d'un classique hautbois
Tiraient une note pure...
Les poètes d'autrefois
Ont trop chanté la nature !

« Ils nous assommaient de fleurs !
Pour eux, le Zéphyr gazouille
Et l'Aube rose a des pleurs...
Ils nous assommaient de fleurs !
A vous ouïr, beaux parleurs,
Attendri, mon œil se mouille !...
Ils nous assommaient de fleurs !
Pour eux le Zéphyr gazouille !

« Au diable le ver luisant,
Avec sa pâle lanterne !
Ils le trouvaient séduisant...
Au diable le ver luisant !
Disons, d'un ton méprisant,
Bernique à sa lueur terne !
Au diable le ver luisant,
Avec sa pâle lanterne !

« Et l'azur, ce papier bleu
Du plafond de la nature !
Parlaient-ils assez, morbleu !
De l'azur, ce papier bleu ?
Lamartine vaut Chaulieu :
Fous de la littérature,

A bas l'azur, papier bleu
Du plafond de la nature!

« Poëte, à bas le lutin
Trottant sous ton front folâtre!
Moi, qui suis un philistin,
Je dis : A bas ton lutin!
Laprade en perd son latin,
Mais Laprade est un emplâtre!
Poëte, à bas le lutin
Trottant sous ton front folâtre! »

II

Il décochait ainsi sur la Muse, narquois,
Les flèches qu'il tirait de son petit carquois.

Comme il riait, assis à sa fenêtre ouverte,
Le Vent se lamentait dans la frondaison verte.

Le Tonnerre grondait, et le bleu Firmament
Se voilait peu à peu mélancoliquement.

Comme le front d'un prêtre essuyant un blasphème,
Tout à coup se rida le Lac, devenu blême.

Pareille à la voix dont trembla le Golgotha,
La voix de la Tempête en sanglots éclata.

Un éclair effrayant fendit la sombre nue;
Une femme apparut, éblouissante et nue :

Ses cheveux frissonnaient dans l'air illuminé...
Le railleur chancela, comme un homme aviné.

III

Elle dit : — « Malheureux, toi qui m'as insultée,
Vois la Grande Nature en sa sublime horreur!
Sinon sa beauté calme, admire sa fureur!
Réponds : ris-tu toujours de ceux qui l'ont chantée?

« Je saurai châtier ton audace effrontée ;
Tu plieras : vois — là-bas — ce grand saule pleureur
En proie à l'ouragan, et tordant sa maigreur,
Ainsi que dans l'enfer une âme tourmentée !

« Comme lui, tu seras misérable : je veux
Que mon souffle embaumé passe dans tes cheveux :
En ton esprit naîtront d'admirables Poëmes...

« En vain tu lèveras la tête pour chanter :
Tandis que dans ta gorge ils viendront avorter,
On verra seulement frémir tes lèvres blêmes ! »

IV

Pour avoir outragé la Muse et l'Art sacré,
Le vil moqueur, depuis ce jour, est dévoré
Par l'incurable mal d'une ardeur impuissante :
Il s'efforce à chanter, de sa voix languissante,

La Nature féconde et l'immense Univers.
Il veut nous inonder des splendeurs qu'il voit luire;
Mais son ivresse — hélas! — il ne peut la traduire,
Et son rêve doré s'écroule dans ses vers..

Octobre 1881.

Pour un, dont le cœur est mort

———

Dans l'azur de satin tendrement éclairé,
Dans l'azur ruisselant de notes cristallines,
Où chante, radieux, — où frissonne, enfiévré,
L'universel amour des jeunesses câlines ;

Se berçant au flot vert de la ramée, un nid
De rossignols des bois — urne de mélodie —
Verse un gazouillement qui roule, à l'infini,
Ses vibrations d'or, sur la brise attiédie.

Huit mois s'écouleront; le chêne sera nu :
Au lieu du doux berceau qui tressaille et qui chante,
On verra grelotter, l'hiver étant venu,
La carcasse du nid, délabrée et penchante;

Et lorsque, l'an prochain, le bois reverdira,
Fidèle au souvenir de ses amours dernières,
Nulle oiselle, au logis d'antan, ne reviendra
Déposer le fardeau des noces printanières...

En avril, l'an passé, sur un être chéri
Ta tendresse s'est toute en un flot épanchée :
En ton cœur sec, inerte, et désormais flétri,
L'amour, mon pauvre cher, n'a fait qu'une nichée!

            Juillet 1883.

Autrefois!

—

A Gustave de Roquefeuil.

I

PREMIÈRES feuilles d'or, de ses derniers coups d'aile
Quand Septembre, en fuyant, vous soulevait du sol,
Puis s'envolait au loin, emportant dans son vol
    Les vacances et l'hirondelle,

Le Collége pour nous ouvrait son porche noir,
Ses corridors obscurs à la dalle sonore,
Ses pupitres tachés que je revois encore,
    Et son lugubre et long dortoir.

O Septembre! avec toi périssaient nos chimères;
La Liberté, qui fait oublier la Rancœur;
Avec toi, les Essors vertigineux du cœur
      Vers des paradis éphémères.

Comme, dans la forêt, quand l'hiver est très dur,
L'oiseau tombé de l'arbre, et que la bise assiége,
S'évanouit, drapé dans un linceul de neige,
      Lui jadis drapé dans l'azur :

A la fin des congés, telle notre pauvre âme,
S'affaissant dans le ciel d'un rêve constellé,
Retombait sur le sol stérile et désolé,
      Où ne flambait plus une flamme.

On nous cloîtrait : nos cœurs s'élançaient vers le Bleu,
A travers les barreaux de nos cachots livides :
D'amour, d'indépendance et de grand air avides,
      Ils ouvraient leurs ailes de feu!

Pâles Religieux, entre vos mains rigides
On avait déposé nos corps et nos esprits, —
Et pour nous garantir, ô lutteurs aguerris,
      C'est vous qui forgiez des égides.

Une Règle immuable, ainsi qu'en un étau,
Nous serrait; il fallait toujours vivre à l'attache :
L'Ordre net et précis nous clouait à la tâche
      Comme un criminel au poteau.

Après la liberté superbe des vacances,
Le Dogmatisme dur, la Régularité
Prosternaient sous le joug notre front hébété
      Où germaient des regrets immenses!

Quand nos yeux succombaient à l'assoupissement
D'un cerveau maladif comprimé par l'étude,
Nos beaux Songes, bercés par notre lassitude,
      Ondulaient dans le firmament.

C'était le seul instant où nous fussions tranquilles,
Et la cloche, souvent, nous réveillait parmi
De merveilleux châteaux, construits plus qu'à demi
      Par l'effort de nos mains débiles.

Notre Rêve laissait un grand vide en fuyant.
Dans la réalité nous battions des deux ailes,
Et, de nos souvenirs rassemblant les parcelles,
      Nous pleurions en nous habillant :

Tristes, nous évoquions la minute suprême
Où nos parents, prenant des airs improvisés,
N'en inondaient pas moins de pleurs et de baisers
      Notre joue et notre front blême.

Tel tu versais alors, beau Soleil automnal,
Avant de disparaître, aux feuilles bigarrées,
Tes adieux chaleureux, tes caresses dorées,
      Dans un embrassement final...

II

Heures sombres, pourquoi me semblez-vous vermeilles,
Maintenant que je suis sorti de ma prison,
Et que je puis voler vers tout bel horizon,
      Comme à toute fleur, les abeilles ?

Je ne sais ; mais en moi vit votre souvenir,
Charmant, illuminé de splendeurs sidérales,
Tandis que le présent a des moments bien pâles,
      Et que j'ignore l'avenir !...

Premiéres feuilles d'or, quand partait l'hirondelle,
Tels étaient les pensers que j'égrenais ce soir,
Premiéres feuilles d'or, que Septembre fait choir
En donnant son dernier coup d'aile !

30 Septembre 1882.

Mater Dolorosa

———

A Théodore Aubanel.

I

QUAND, le troisième jour, Jésus ressuscita,
　Sa mère agenouillée et de pleurs ruisselante,
Le cœur plus en lambeaux qu'au soir du Golgotha,
Se courba devant Dieu comme une frêle plante,
Quand, le troisième jour, Jésus ressuscita :

II

— « Entre toutes, Seigneur, puisque tu m'as choisie
Pour faire homme ton Verbe et lui donner ma chair,
— Si bien que tout ton ciel devant moi s'extasie ! —
Pour la rédemption du peuple qui t'est cher,
Entre toutes, Seigneur, puisque tu m'as choisie ;

III

« Puisque c'était, mon Dieu, ta sainte volonté
Que le cruel instinct de la plèbe hagarde
Clouât au vil poteau le Christ ensanglanté ;
(De murmurer jamais que ta grâce me garde,
Puisque c'était bien là ta sainte volonté) ;

IV

« Pourquoi ne m'as-tu pas ravi mon cœur de mère ?
Qu'importe que mon fils fût Dieu ? Moi je l'aimais !
Blasphémé-je, en disant que ma peine est amère ?...
Des femmes d'Israël je suis la reine, — mais
Pourquoi ne m'as-tu pas ravi mon cœur de mère ?

V

« Dans le sublime orgueil d'avoir porté mon Dieu
Berçant le souvenir de sa perte éphémère,
J'eusse marché, sans pleurs, parmi le peuple hébreu...
Mais je n'ai pu noyer mon désespoir de mère
Dans le sublime orgueil d'avoir porté mon Dieu !

VI

« — O Christ, tout rayonnant de ta gloire éternelle,
Je pourrai t'adorer et te parler encor ;
Tu viendras éblouir ma chétive prunelle,
Auréolé d'argent, d'azur, de pourpre et d'or,
Ruisselant des rayons de ta gloire éternelle ;

VII

« Mais ce n'est point ainsi que moi, je t'ai connu :
Ah ! les temps fortunés où, dans la pauvre étable,
Tu sommeillais, riant, rose, débile et nu !
Je te reverrai grand, auguste et redoutable...
Mais ce n'est point ainsi que moi, je t'ai connu !

VIII

« Dans le linceul neigeux du marbre ensevelie,
Ta dépouille restait, — fidèle à ma douleur;
Je pouvais incliner ma figure pâlie
Sur ta chair lacérée, ô mon fils! — ô Seigneur!...
Sur ta chair, au linceul du marbre ensevelie.

IX

« Mais tu t'es envolé dans la splendeur des cieux :
L'abîme est insondable où sombra ce que j'aime!
Tu vagues dans l'éther, — subtil et radieux; —
Ton pauvre corps meurtri ne me reste plus même,
Car tu t'es envolé dans la splendeur des cieux!

X

« Je ne puis même plus sangloter sur ta tombe,
Puisqu'elle est vide, ô Dieu que j'ai cru mon enfant!
Jésus, pardonne au cœur maternel qui succombe
De se désespérer, quand ta loi le défend...
Je ne puis même plus sangloter sur ta tombe! »

Juin 1883.

Lequel vaut mieux, Seigneur?

Au R. P. le Génissel.

O moines, pleins d'ardeur, l'extase dans les yeux,
Vous buvez à longs traits, heureux sous le cilice,
La Science en un livre, et Dieu dans un calice, —
Des célestes Beautés amants mystérieux!

Quant à nous, nous errons, sombres et soucieux,
Des saintes cruautés ignorant le délice;
Nous errons à travers le Crime et la Malice:
Notre cœur dégoûté reste silencieux!

Le vôtre rit et chante — et vos joyeux cantiques
De leurs sons délirants font trembler vos portiques !
Le ciel s'ouvre, splendide, à vos yeux éblouis,

Séraphins noirs ; de Dieu vous chantez la louange !... —
— Nous pleurons nos plaisirs si vite évanouis,
Embourbés dans le spleen et vautrés dans la fange !

Octobre 1880.

Les Paroles d'un Maudit

A Charles Delacour.

I

S'IL est vrai, Dieu puissant, ô toi que j'adorai,
Qu'en paradis, où dort ta muette indolence,
Tu te laisses bercer au soupir qui s'élance
De mon corps maladif et de mon cœur navré;

O vieux sphinx impassible, ô vieux juge abhorré,
Qui, peseur scrupuleux à la fausse balance,
Peux me sauver d'un mot — et gardes le silence,
Moi, putrescible atome, oui, je t'insulterai!

Avant que de rouler à l'éternité d'ombre
Où doit rôtir ma chair dans le grand brasier sombre,
Les poings crispés au ciel, je hurlerai trois fois :

— « Monstre, sois anathème ! » — Et ma Rancœur sublime
Montera, mariée aux foudres de ma voix,
Comme un encens de haine exhalé de mon crime !

II

Quant à toi, Lucifer, astre tombé des cieux,
Splendeur intelligente aux ténèbres jetée,
Ange qui portes haut ta colère indomptée,
Et gonfles tous les seins de cris séditieux ;

Par toi seul, j'ai connu le mépris oublieux
Du Seigneur, et de sa puissance détestée ;
J'ai ressenti — sceptique et railleur, presque athée —
Les plaisirs inouïs de l'amour radieux !

Tu m'ouvris l'océan des voluptés profondes
Dont nul n'a su tarir les délirantes ondes.
Tu m'appris à goûter le charme de l'Enfer.

On y souffre, il est vrai : l'on y jouit quand même,
Puisqu'on y peut baver sa bile. — O Lucifer,
Mon bourreau de demain, je t'honore — je t'aime!

Mars 1883.

Le Progrès

A André Lemoyne.

L'HOMME, abreuvé d'espoir, lève ses mains avides
Vers l'astre décevant du progrès éternel
Qui baigne, d'un éclat étrange et solennel,
Son visage anxieux, couturé par les rides.

L'homme est las; mais ce mot magique — le Progrès —
Infuse dans son cœur une ivresse féconde,
Qui le fait s'acharner à délivrer le monde
Du Mal — chasseur cruel qui tend partout ses rêts. —

L'homme dit : — « J'ai souffert, et pour souffrir encore ;
Mes pères ont peiné : mes enfants peineront ;
Mais un jour — j'en suis sûr — mes petits-fils verront
D'un siècle de bonheur s'épanouir l'aurore !

« Ils cueilleront ce fruit : l'Indéfiniment Mieux !
Portes de l'Inconnu, vous leur serez ouvertes !
Ils sauront ciseler, dans l'or des découvertes,
Une couronne pour leurs fronts audacieux ! »

La Science répond à ce cri d'espérance :
— « Oui, je me livre à l'homme avec tous mes secrets !
Oui, sous mon étendard marchera le Progrès !
Oui, guerre à l'Infamie, et guerre à la Souffrance ! »

Mais soudain retentit, sous le clair firmament,
Une voix, — une voix formidable, inconnue,
Une voix caverneuse, on ne sait d'où venue,
Que l'écho répercute au loin, lugubrement.

Cette voix, elle dit : — « L'œuvre de l'alchimiste
Sera réalisé peut-être par tes mains,
Et ton pied foulera d'étincelants chemins
Pavés de diamants, ô rêveur optimiste !

« Tu pourras tuer Mars, briser les trônes; mais
Dans l'oubli triomphant engloutir ta torture?
Abolir le cancer dont l'homme est la pâture?
Mais fixer le bonheur sur ta tête? — Jamais!

« Ton luxe peut s'accroître et ton sort, d'âge en âge,
Peut devenir meilleur; — mais toujours ton désir
Volant vers des objets qu'il ne pourra saisir, —
Des pleurs ruisselleront sans fin sur ton visage! »

.   .   .   .

Pas de Progrès? Que faire? Où gît la Vérité?
Voici : — Possible ou non, l'entreprise est auguste :
Marchons, sans vil calcul, vers le Beau, vers le Juste;
A défaut du Bonheur, ayons l'Honnêteté!

Le Mal est le plus fort? — C'est possible! Sans trêve
Nous brandirons l'épée, et nous le combattrons;
Et, s'il nous faut mourir au service d'un Rêve,
Grands utopistes, fous sublimes, — nous mourrons!

Septembre 1882.

Pour toi !

—

Dans la noire fabrique où la crasse poudroie,
Sans que même un rayon la fasse miroiter,
De pâles ouvriers filent, filent la soie,
Cependant qu'à leur femme un riche en fait porter.

Des mineurs, nuit et jour, creusent la terre dure
Où courent les filons, où fleurit le saphir,
Exilés loin des bois où chante la verdure
Sous les baisers fous du zéphyr.

Loin du clocher natal, le marin, qui s'expose
Au caprice onduleux des flots verts et subtils,
Nous rapporte les ambres d'or, les bois de rose...
Ouvriers, matelots, pour qui travaillent-ils ?

Pour toi, qui, souriante et superbe, te vautres
Dans le faste fangeux des baisers lucratifs,
Et qui, sans préférence, à ceux-ci, — puis à d'autres,
  Livres tes flancs improductifs !

        Mai 1883.

La Pitié des bêtes

DÉCEMBRE sur mon cou soufflait sa froide haleine.
L'obscurité profonde au firmament planait.
La rue était déserte, et la nuit était pleine
D'un brouillard, où le gaz impuissant frissonnait.

Je marchais seul, distrait, vaguant à l'aventure,
Quand soudain j'aperçus, sur le trottoir jeté,
Un gros paquet grisâtre et pesant. — Ma nature
Me plie à ton caprice, ô Curiosité !

Je voulus voir ; j'ouvris le sac : — Toison de neige
Où des coups de hachette avaient mis du carmin,
C'était un chat superbe. — « Il est crevé, » pensé-je,
Et, le poussant du pied, je repris mon chemin.

Comme je m'éloignais, je vis la silhouette
D'un grand chien maraudeur errer sur le trottoir,
Rôder autour du chat d'une allure inquiète,
Et, sous le vent d'hiver, sur l'asphalte s'asseoir.

Puis — ô compassion qui confond et qui touche ! —
Il tendit le museau, flaira très longuement
Le beau cadavre blanc à la mine farouche,
Et se mit à hurler, pris d'attendrissement.

— O chien des carrefours, ô maigre noctambule,
De la souche féline éternel ennemi,
Un sang de noble race en tes veines circule,
Car l'instinct de rancune en toi s'est endormi :

En face de la Mort, ta haine héréditaire
S'est métamorphosée en fraternel émoi !
Au ressentiment vil ton cœur fut réfractaire,
Et l'homme est, bien souvent, moins généreux que toi !

Février 1882.

La Prophétie du Squelette

A Leconte de Lisle.

I

QUAND, sur l'escarpement du Golgotha sinistre,
Prodigue de son sang comme de son amour,
La Victime eut poussé son dernier cri, — le jour
Pâlit comme un mourant. Le ciel se fit de bistre.

Des entrailles du sol, un amas d'ossements
Fut vomi par la bouche entr'ouverte des tombes,
Tandis que, remuant l'horreur des catacombes,
La terre s'ébranlait de moments en moments.

Sans que l'Ange eût soufflé dans la noire trompette
Du dernier jour, — les os parurent se mouvoir
Pour s'agréger l'un l'autre, et soudain, l'on put voir
Près de chaque tombeau se dresser un squelette.

Les Enfants de la Mort traînèrent en tous lieux
Leur chaste nudité terrible, par la ville
Où le Pharisien, dressant son front servile,
Clamait : — « J'ai confondu la fourbe des faux dieux. »

Le soir, sous la pâleur des nuits orientales,
Le temple, dont le voile en deux s'était fendu,
Blêmissait vaguement. Un pas fut entendu
Qui du parvis sacré fit résonner les dalles.

Un immense squelette était là, qui marchait ;
Et brusquement sa voix retentit, ironique,
Stridente — comme, en un concert cacophonique,
Grince une chanterelle au crin dur de l'archet : —

II

— « Stupide humanité, tueuse de prophètes !
Jésus-Christ t'apportait l'Amour, pour que ton cœur
Fût rempli tout entier de son hymne vainqueur...
Jésus a fait pour toi les choses qu'il a faites,

« Il voulait ton bonheur. L'en as-tu pas puni ?
Tu ne peux tout comprendre ; or tu pouvais tout croire
Et tout aimer !... L'Esprit, dont tu vantes la gloire,
N'est qu'incommensurable, — et le cœur infini.

« Puisque l'homme, lassé de l'Amour qui transporte,
Veut fléchir sous le joug pesant de la Raison ;
Puisqu'avant de franchir le seuil de la prison,
Il ne sent rien en lui sangloter à la porte ;

« Puisque l'heure a sonné de son crime accompli,
— Premier instant fatal d'une ère douloureuse ! —
Puisqu'il ne pâlit pas, en sentant qu'il se creuse
En son cœur un grand vide, à son front un long pli ;

« Moi qui sors de la tombe où l'homme doit descendre,
Moi qui sais le secret qu'il doit chercher en vain,
Je me tairai : — Mortels, c'est un secret divin :
Si je vous le disais, vous ne sauriez comprendre !

« Mais je viens simplement vous dire : — Votre orgueil
Espère triompher du vieux sphinx indomptable...
En vain : vous ne saurez l'Inconnu redoutable
Que si vous surgissez, comme moi, du cercueil.

« Allumez vos fourneaux ! Remplissez vos cornues !
Du fond de vos creusets jamais vous ne verrez
Jaillir le dernier mot des mystères sacrés,
Ni s'envoler l'essaim blanc des Vérités nues !

« Vous aurez beau pétrir et repétrir des corps
Dont vous ne prouverez même pas l'existence :
Vous ne pourrez jamais pénétrer la substance,
De l'hymne universel comprendre les accords !

« La Matière se dresse — infranchissable digue
Que les flots de l'Esprit ne renverseront pas. —
Le Doute ricaneur vous suivra pas à pas,
Niant votre savoir, raillant votre fatigue.

« Astronomes, scrutez l'immensité des cieux !
Vos instruments n'ont pas une immense portée :
De la poussière d'or à l'abîme jetée
A peine quelques grains éblouiront vos yeux !

« Naturalistes vains, jamais le microscope
Ne saura dévoiler à vos yeux le tableau
Des univers roulant dans une goutte d'eau :
D'un mystère profond l'Infini s'enveloppe.

« Et quand bien même encor bondirait au grand jour
La Science, étranglant sa victime domptée,
Le Doute ; — quand bien même un nouveau Prométhée
Déroberait le feu, sans crainte du vautour ;

« Déjà condamné par la Science — ta fille —
O vieux globe qui vas, sans cesse vieillissant, .
Tu dois te refroidir ! — Homme mortel, ton sang
Se doit figer, sous ta misérable guenille...

« Alors que feras-tu du savoir amassé ?
A quoi te servira de connaître les causes,
Et d'avoir pénétré la nature des choses ?
Ton secret s'éteindra dans ton cerveau glacé ! »

III

Avec un cliquetis d'os, le squelette pâle
Disparut dans l'horreur d'un nuage sanglant,
Et, prolongeant son souffle âpre, sinistre et lent,
Le vent dans les palmiers fit entendre un long râle.

Janvier 1883.

La Morphine

RONDEL LIBERTIN

A B.-A. Baron.

FINALEMENT l'homme s'endort
Pour cuver l'extatique ivresse
Qui l'enveloppe de paresse
Et l'éblouit de songes d'or.

Sevré du chagrin, du remord,
Sous le charme de ma caresse,
Finalement l'homme s'endort
Pour cuver l'extatique ivresse.

L'homme ravi murmure : encor!
Et moi, complaisante maitresse,
En mes tendres bras je le presse ;
Je l'étreins de plus en plus fort...
Et finalement... l'homme est mort !

Juillet 1883.

Un Paria

A Alphonse de Journel.

I

LES granits monstrueux des âpres Pyrénées
Recèlent, dans leurs flancs stériles, des trous noirs,
Cavernes seulement de mousse couronnées :

La truelle de l'homme élève des manoirs
Sur la cime des pics ; le ciseau des années
Dans les rocs escarpés creuse des entonnoirs.

Vers le sommet du Mont-Perdu s'ouvrait un antre
Qui paraissait vomir les ténèbres. — Souvent
On avait entendu s'échapper de son ventre

Comme un sanglot sorti du gosier d'un vivant,
— Parmi les vagues bruits que la voûte concentre,
Et qu'emporte, au sortir, le tourbillon du vent.

Or, c'était un mortel qui hantait, solitaire,
Cette grotte effrayante où le Noir était roi.
Vous protégiez cet homme, entrailles de la terre ;

Et vous, craquements sourds qui répandez l'effroi,
Terrestres grondements, vous étiez l'hymne austère
Dont s'abreuvait son cœur, — dont tremblait la paroi.

Pourquoi — comme un haillon qui dégoûte et qui gêne —
Rejetait-il, avec mépris, l'humanité,
Ce misanthrope fier, ce nouveau Diogène

Qui, dans un trou béant, cherchait la liberté ?
Était-ce un monomane ? ou — nocturne phalène —
Était-ce un criminel dans son antre abrité ?

Était-ce un criminel? — C'était une victime :
C'était un de ceux-là qui sentent un enfer
S'allumer dans leur âme, — et qu'un démon intime

Perce et reperce encor de sa fourche de fer;
Et cet homme faisait — révolte légitime! —
Rayonner sur son front l'astre de Lucifer.

II

Pourquoi, pourquoi, Mère-Nature,
As-tu donc fait sourdre — ô torture! —
Des amours en des corps hideux?
Il est des êtres tout de flamme
Qui ne sont nés que pour la Femme...
Et la Femme ne veut point d'eux!

En créant un monstre sensible,
O Nature incompréhensible,
Nature, quel est ton dessein ?
Ne vois-tu pas la lèvre avide
Se coller à la coupe vide,
Et le cœur fondre sous le sein ? —

La grotte était le mausolée
Où s'abritait, inconsolée,
L'amour d'un de ces malheureux :
Bossu, boiteux, hagard et louche,
C'était lui qui hurlait, farouche,
Par la gueule du mont pierreux.

Un jour, il dit : — « Que tout le monde,
A l'aspect de ma forme immonde,
Se soit détourné de dégoût !
Que de tous lieux on me rejette !
Que seul, à l'écart, je végète,
Comme une fleur dans un égout !

« Qu'importe ! — O Femme que j'adore,
Pourvu que ton image dore
Les rêves de mon cœur aimant,

Grand contempteur de la matière,
Je puis bercer mon âme altière
Dans le mensonge, incessamment!

« Venu des bords où l'astre immense,
Quand la clarté du jour commence,
Sort d'un océan de carmin,
Un homme aux allures sauvages
A débarqué sur nos rivages,
Un sombre flacon dans la main :

« J'en veux boire, du philtre étrange
Qui divinise l'homme —·et change
Ce ver-de-terre en créateur;
Et, docile à ma voix, la troupe
Des houris viendra faire groupe
Pour danser et chanter en chœur!

« Je braverai tes anathèmes,
O Monde! — et sur mes lèvres blêmes
Des lèvres roses frémiront,
Et ce sera pour moi l'aurore,
Quand je vais ordonner d'éclore
Au monde en germe sous mon front! »

III

Il dit; puis alluma des flambeaux en grand nombre,
Pointillant de clartés l'immense grotte sombre
  Dont s'étalèrent les splendeurs :
Les diamants semblaient, pour former la muraille,
S'être mêlés à l'or, aux rubis, à l'écaille, —
  Et, jusque dans les profondeurs,

Tout brillait : c'était comme un palais fantastique
Noyé dans une mer de lueur extatique.
  Debout, au sein de la clarté,
Le paria, portant une fiole noirâtre
A ses lèvres, reprit : — « O Nature marâtre,
  Je puis braver ta cruauté !

« Dans mes membres fiévreux, dans mon âme en détresse
Le Haschich versera sa langoureuse ivresse :
  Le jour de mon bonheur est né !

Loin de moi le Réel et la Matière infâme !
Pour festoyer mon cœur, j'aurai mieux qu'une femme :
    J'aurai l'Idéal incarné ! »

Bientôt, devant ses yeux — larges métamorphoses —
C'est un jardin brodé d'asphodèles, de roses ;
    Là tourbillonnent les houris :
L'une semble adorable et l'autre encor plus belle ;
Aucune à ses désirs enflammés n'est rebelle
    Sur les vastes gazons fleuris.

Dès qu'il prête l'oreille au vent, il croit entendre
Une molle harmonie, indiciblement tendre ;
    De tout émane la Beauté ;
Un invincible orgueil en son esprit pénètre,
Puis l'engourdissement s'empare de son être ;
    Il râle..... c'est de volupté !

Mais l'orgie a pompé les forces de sa vie :
Dans le sommeil divin que sa chair assouvie
    S'épanouit languissamment !
Quelle étrange pâleur empreinte sur sa face !
On dirait voir Phébé qu'envahit et qu'efface
    L'aube naissant au firmament.

Déjà tous les flambeaux s'éteignent, — et cet homme
Ne s'est pas éveillé de son terrible somme :
        Est-il pour toujours endormi ?
Ainsi que la Douleur, parfois la Joie écrase. —
Réponds : As-tu donc bu la Mort avec l'Extase,
        Pauvre satyre au front blêmi ?

Que m'importe, après tout ! — Dors sous ta roche aride,
Dors paisible, toi qui sentis la cantharide
        Mordre ton cœur abandonné !
La somptuosité de ses ivresses douces,
Ses visions et ses paresseuses secousses,
        Le Haschisch vert t'a tout donné !

Et si tu meurs, tant mieux !... Ta forme repoussante
S'évanouira — telle une ombre pâlissante —
        Dans cette grotte, — ton caveau !
Paria, de ton corps la matière éternelle
Que le vent, en vapeurs, portera sur son aile,
        Va choisir un mode nouveau !

Va ! tu seras bientôt pareil aux autres hommes ;
Car, dans le tombeau froid, nous tous, tant que nous sommes,
        Hélas ! nous nous ressemblerons !

La Beauté, la Laideur n'y laissent point de trace :
Toute chair qui pourrit, d'où qu'elle vienne, est grasse !
    Tout crâne a des orbites ronds !

  . . . .

O vous que l'on rejette, ô vous que l'on méprise,
Pauvres Quasimodos que la passion brise,
    Si vous êtes las de souffrir,
L'Idéal ébloui vous tend sa coupe pleine :
Comme ce paria, videz-la d'une haleine !
    Buvez, dussiez-vous en mourir !

Août 1882.

Le Poète

———

IL a connu l'oubli des tortures anciennes :
La cicatrice est sèche où sa chair a saigné.
Au tout-puissant appel de deux magiciennes,
La Jeunesse et la Foi, — la vie a regagné
Le lambeau de son cœur par le mal épargné.

Pourquoi faut-il, hélas! qu'à toutes les souffrances,
Comme un aigle intrépide au clair soleil levant,
S'envole son désir crédule aux espérances?
Il chante ses projets, — et l'écho décevant
Répercute ses chants emportés par le vent.

Vous suppliant sans trêve, Illusions chéries,
De verser à sa soif l'or de votre liqueur,
Dans les bois de l'Amour éphémère et moqueur
Il cherche des buissons pleins d'épines fleuries,
Afin d'y déchirer le reste de son cœur !

Juillet 1883.

★

LA Pensée est un feu follet, livide ou rose ;
Une invisible main promène ce flambeau :
Sur les buissons en fleurs, par moments, il se pose,
Et, par moments, il court briller sur un tombeau.

S. DE G.

HEURES DE SOLEIL

A Mes Chers Amis

MAURICE BARRÈS & LÉON SORG,

Je dédie ces quelques rayons.

S. DE G.

HEURES DE SOLEIL

~~~~~~

Premiers Soleils

———

A Catulle Mendès.

Sur Paris, gigantesque amas de pierres grises,
Dix semaines durant, l'hiver a fait le deuil.
— Gai Rayon d'or pâli, tu parais, et tu grises
Le citadin frileux qui te boit d'un coup d'œil.

Pauvre petit filet que la source céleste
Laissa filtrer vers nous comme un espoir furtif,
Farfadet bienfaisant qui danses, vif et leste, —
Au couple d'amoureux grelottant et plaintif,

Tu chantes : — « Voici l'heure où brises attiédies
Et flèches de clarté vont exiler des cieux
— D'où dégringoleront de folles mélodies —
Les nuages, berceaux des rêves soucieux;

« L'heure où, sous le soleil à la blonde frimousse
Qui leur fait les yeux doux — pâle convalescent —
Daphnis et sa Chloé, dans un bon nid de mousse,
Iront se becqueter, sans pudeur du passant.

« La Misère elle-même, aux brises enfiévrantes
Dépouillant son manteau de jalouse rancœur,
Ne voudrait pas troquer contre un titre de rentes
La flamme de jeunesse éclose dans son cœur.

« Hurrah! Mars fuit! Valsez, amoureux, amoureuses,
La valse de Vénus, au soleil du printemps!
Enfants, allez cuver, dans les forêts ombreuses,
L'ivresse de vos chairs nubiles de vingt ans!

« Et toi, pauvre malade, — et toi que l'âge brise,
Si ta tête fermente aux souffles d'autrefois,
Si bondit ta poitrine aux parfums de la brise,
Retrempe ta santé dans la sève des bois!

« Je suis le Rayon d'or, messager de la joie!
Aux pauvres, aux frileux, je dis : l'hiver se meurt!
Aux vieux cœurs délabrés je viens crier : Montjoie!
Où je passe, j'éveille une exquise rumeur.

« Je console et guéris : — sur tous les misérables
Ma bouche de lumière est prête à se poser;
Mais il est, sous le ciel, des êtres incurables,
Si glacés que leur front ne sent plus mon baiser! »

Mai 1883.

Un Air

—

Il t'aimait tant jadis! Il est sûr aujourd'hui
Que tu le trompes. — L'astre épouvantable a lui,
Qui, versant à grands flots sa lueur abhorrée
Sur le front du rival, — sur ta bouche adorée,
Fait voir que cette bouche à ce front souriait.
Ton amant te maudit, toi qu'il déifiait,
O femme, belle encor sous le fard de la honte!
Que lui font tes sanglots? et la rougeur qui monte

A ta face? et les pleurs qui baignent tes grands yeux?
Tu l'as trompé. — Debout, hagard, silencieux,
Il est là, se disant : — « Faut-il que je la tue?... »
A l'attendrir, en vain ton remords s'évertue.

Mais ta lèvre parjure a frémi doucement,
Et tu chantes : ta voix craintive, ô talisman!
Entonne l'air très vieux que tu chantais, la Belle,
Alors qu'à son amour tu te montrais rebelle;
Alors qu'il suppliait, et que tu disais : Non.
Tout le passé surgit de l'abîme, Ninon :
Aux sons mélodieux de tes chants, il se mêle
Le doux balbutiement du désir qui s'épelle,
Et la chaude saveur du baiser dérobé,
Et l'arome de l'herbe où ton corps est tombé,
Et — sous le ciel d'azur limpide et magnifique —
Ton cri d'amour, montant comme un large cantique!
O femme! ta voix vibre aux souffles d'autrefois,
Et ton amant écoute... et tressaille à ta voix!
Il semble que, soudain, ta candeur retrouvée,
Ainsi qu'une eau lustrale, à ses yeux t'ait lavée;
Ses yeux disent, baignés de tendresse et d'émoi :
Je te pardonne... reste. Oh! demeure avec moi!

Un rayon de soleil a baisé la ruine,
Et le mur délabré sourit et s'illumine ;
Comme des papillons, sortent de toutes parts
Les souvenirs joyeux dans les débris épars ;
Tandis qu'au ciel bleu-clair coiffé d'une auréole,
L'essaim des corbeaux noirs, en croassant, s'envole !

Décembre 1882.

Comme on redevient gai

———

Dans un caveau bien noir, au flanc d'une falaise,
J'avais caché ma Peine et mon Ressentiment,
Pour que, dans le silence et dans l'isolement,
Ils pussent sangloter et rugir tout à l'aise;

Et j'avais, très joyeux d'humeur, — ne vous déplaise ! —
Bondi, sous un azur limpide obstinément,
Par les jardins en fleurs et le bosquet charmant
Où le bouleau s'argente, où verdit le mélèze.

Quand le soir, (ayant tard regagné la maison),
Je songeai ·— soudain l'œil humide — à la prison
Où j'avais, le matin, verrouillé ma Torture,

Ma foi! je m'aperçus qu'en un saut endiablé,
Sans doute — car ma poche était sans déchirure —
Du sinistre caveau j'avais perdu la clé.

Juillet 1883.

L'Impure

A Théodore de Banville.

Précipitée en proie au gouffre de l'enfer,
Toute nue, inondant l'ombre de splendeur blanche,
L'Impure aux cheveux bruns et bouclés, à la hanche
D'ivoire, aux seins de marbre, aux grands yeux gris de fer

S'affaisse, évanouie, aux pieds de Lucifer,
Comme une éblouissante et charnelle avalanche.
Or, le Damné féroce et lubrique se penche
Sur ce corps somptueux à sa luxure offert :

Oh! pâmer en mordant méchamment cette gorge
Où déjà son œil darde une lueur de forge!
Oh! faire bien râler cette superbe enfant!...

Sûre de son pouvoir, la Beauté Souveraine
Fixe sur Lucifer un regard triomphant,
Et Lucifer, qui bave et rampe, crie : — O Reine!

Avril 1883.

En Automne

A Zénon Fière.

JE ne rêvais jadis que d'amours flamboyantes,
De fastueux sophas de pourpre et d'or brodés,
Que d'effluves d'encens dans les boudoirs, où des
Vénus à l'œil mourant se pâment, souriantes.

Cependant que le lustre à gerbes ondoyantes
Donne des tons de lys aux visages fardés,
J'aurais connu la mer des plaisirs insondés
Où nagent des houris froides, mais patientes.

Je m'enchante, en ce jour, d'un espoir plus banal,
Et j'ai répudié mes anciennes folies :
Je rêve un amour pur, sous un ciel automnal

Versant le blême flot de ses mélancolies,
Et cherche, dans la mousse et les feuilles pâlies,
Des lits où consommer un hymen virginal.

Juillet 1883.

Le Consolateur

A François Coppée.

TABAC, consolateur de celui qu'a meurtri
    Le public dédaigneux ou la femme parjure,
On hume en ton brouillard l'oubli de toute cure ;
On aspire ton âme, — et le cœur est guéri !

Que de rêves, en ton atmosphère, ont fleuri !
Quand je fume, — à travers ma vitre, la Nature
Me paraît un éden fait pour la créature
Par Dieu, dont la bonté sur nos fronts a souri.

Puis mon esprit, s'aidant de tes spirales bleues,
S'envole, par delà des millions de lieues,
Vers l'étoile où Pangloss eût été bon devin,

Vers la terre idéale où les Péris sont nées,
Où tout langage est doux, tout visage divin,
Où la fleur vit des mois, et l'amour des années!

Juillet 1883.

Renouveau

A B.-A. Baron.

LE concert virginal des cœurs enamourés,
Tout vibrants de chaleur et de lumière tendre,
Ne vaut pas les soupirs que l'amour fait entendre
Dans l'orgue solennel des vieux cœurs délabrés.

Vous qu'un tardif rayon de soleil a dorés,
O viveurs qui jadis n'avez aimé qu'étendre
Vos Désirs sur le lit des Astartés à vendre,
Viveurs aux souvenirs de remords encombrés,

Que l'Ange printanier vous effleure des ailes !
Que l'Esprit lumineux fasse de vos prunelles
Les miroirs de la pure et sainte volupté :

En vos seins palpitants vous découvrez encore
Le trésor enfoui de la Naïveté ;
Et vous chantez — comme une alouette — à l'aurore !

Juillet 1883.

Concordia

A Maurice Barrès.

HIER, balbutiant le langage des dieux,
J'étais comme un lutteur qui fléchit dans l'arène
Tu daignas me parler, ô Muse souveraine,
D'un rais de ton œil clair illuminant mes yeux :

— « Ne renie — oh ! jamais ! — en tes vers orgueilleux,
Le culte de la Forme impeccable et sereine
Et de la Rime d'or, dont la voix de sirène
Sait charmer par l'attrait des sons mélodieux.

« La Pensée est piteuse en un Verbe sordide ;
Mais, quand le pur Concept et la Forme splendide
Consomment un hymen où leur beauté mûrit,

« — Comme un marbre où l'artiste a figé son extase, —
L'Idée épanouit son ampleur, et sourit
Dans l'éblouissement sculptural de la phrase. »

Août 1883.

Nivea. — Casta. — Serena

———

A Adrien Bonboure.

O buveurs d'opium, de haschisch et d'absinthe,
Qui, vivants, savourez les délices du ciel, —
Vous frayez rarement avec la Muse sainte,
Lévites raffinés de l'Artificiel !

Et vous, pâles prélats des temples d'infamie,
Vous avez épuisé les délires des sens :
Si vous chantez, pourtant, votre lèvre blêmie
Ne sait balbutier que de fades accents !

Comment n'êtes-vous pas les Princes de la Rime,
O vous tous qui buvez, dans la coupe des vins
Défendus, le vertige extatique du Crime ?
Comment n'êtes-vous pas les Poètes divins ?

N'avez-vous point fouillé les arcanes suprêmes
De la Perdition et de la Volupté ?
Que ne nous chantez-vous les intenses poèmes
Des désirs furieux, en leur acuité ?

. . . .

Peut-être que la Muse, étant chaste et sereine,
Se refuse à descendre en vos réduits obscurs :
Elle a peur de salir, à la mousse des murs,
Les plis immaculés de sa robe qui traîne.

Septembre 1883.

Le Bain

(AQUARELLE).

———

A André Lemoyne.

Au ciel d'août, le soleil flamboie,
Torride, implacable, accablant.
L'herbe est de crin, le ciel de soie.
Le chemin poudreux est tout blanc.

Quatre ou cinq filles du village,
(Derrière les saules discrets
Qui bordent l'étang,) — tout en nage,
Ont déjà fini leurs apprêts :

Elles se livrent, en costume
Très primitif, au frais baiser
De l'Onde. L'Onde a la coutume
De ne pas se scandaliser.

Dans les flots bleus leurs corps bondissent
Sans mystère. — Elles jasent dru,
Et leurs belles chairs resplendissent
Sous le soleil ardent et cru.

Deux garçons, qui passent, leur crient :
« Holà ! ne nous gênons plus, quoi ! »
Et les demoiselles, qui rient
Bien fort, se les montrent du doigt.

Mais quelle panique soudaine
Les agite d'un long frisson ?
Par le sentier de la fontaine
Voici venir l'abbé Besson.

Il récite son bréviaire ;
Il passe près du groupe nu...
Mon Dieu ! prolongez sa prière ! —
... Il est passé, mais n'a rien vu.

Mars 1883.

Idylle paysanne

(AQUARELLE)

A Léon Valade.

L'AIR est tiède ; l'Avril fleurit,
Et la petite paysanne,
La fille du fermier, Suzanne,
Mène ses moutons, — et sourit ;

Car elle voit venir vers elle
Le jeune berger d'Avricourt
Qui, dès longtemps, lui fait la cour
En l'appelant : mademoiselle.

Don Juan rustique dans le pré
S'avance, la paupière humide,
Frissonnant, sifflotant, timide,
Le visage tout empourpré;

Et, dans sa candeur enfantine,
Pour prouver son *constant amour*,
D'un geste brutal et très lourd,
Il cueille une rose églantine.

Il la met au corsage rond
De la naïve créature
Qui, le cœur battant sous la bure,
Pour un baiser donne son front;

Puis il conte — le bon apôtre —
Pourquoi sa joue est en couleur,
Et qu'il n'a cueilli cette fleur
Qu'espérant en cueillir une autre.

Mars 1883.

L'Ivrogne

A Jean Richepin.

L'HOMME qui vous accoste avec un œil hagard
Dans la rue, et trébuche à chaque pas qu'il tente,
Et fait flotter dans l'air sa chanson haletante,
Et dans l'infini bleu fait flotter son regard,

Cet homme, on le conspue; on l'appelle : gueulard.
On fuit, plein de dégoût, sa loyauté chantante.
On affecte l'horreur. — O tourbe chevrotante,
Sache qu'il est très fier et très grand, ce soûlard !

Car en vain l'ouragan, tordant les arbres blêmes,
Vomirait contre lui des torrents d'anathèmes,
Et la voix du tonnerre éclaterait en vain :

L'ivrogne lancerait aux cieux son allégresse,
Et le Firmament noir, gagné par son ivresse,
Redirait avec lui le cantique du vin !

Janvier 1881.

Positivisme

———

A Maurice Barrès.

C'EN est fait. — Le Lyrisme échevelé se meurt.
La Science hautaine, au scalpel impeccable,
Tient en ses froides mains le Cœur, inextricable
Organe, d'où le Mal suinte comme une humeur.

La sublime Folie interdite au rimeur,
— Tel un rêve malsain qui le hante et l'accable, —
Fait surgir à ses yeux son fantôme implacable
Qui le poursuit de sa babillarde rumeur.

En vain : le Positif a triomphé du Songe.
Même Erato, rebelle aux splendeurs du mensonge,
Combine savamment ses chants les plus osés.

A disséquer le cœur de l'homme elle s'amuse,
Et ce soin prosaïque où se complaît la Muse
N'a pas empoisonné le miel de ses baisers.

Février 1883.

Scepticisme illogique

A Sully Prudhomme.

SCEPTICISME, jardin où fleurit cette fleur
Si douce à mon regard et si chère à mon cœur,
Cette fleur de velours qu'on nomme Tolérance,
Et qui, je crois, naquit sur le sol de la France;
O jardin fréquenté non de l'épais bourgeois,
Mais du sage au sourire indulgent et narquois,
Je t'aime, et veux bâtir sous tes vertes ramées,
Car tes hôtes sont doux, et tes portes fermées
A la foule. — Tes fruits sont exquis; cependant
De m'en rassasier suis-je pas imprudent?

Scepticisme, je t'aime, et si, je te redoute,
Car je veux une digue où s'arrête le Doute :
Plutôt que renier mon culte pour le Beau,
Je le jure, — et plutôt qu'éteindre le flambeau
Qui brûle sur l'autel où l'Amitié rayonne,
J'aimerais mieux jeter ma joyeuse couronne
Au vent, — et, laissant là les parfums, les splendeurs,
Amoureux de la nuit et de ses profondeurs,
Le cœur noirci de haine et la face de bistre,
M'enfoncer dans un bois ténébreux et sinistre,
Dans un bois fréquenté des Remords et des loups,
Où fleurirait un Dogme inflexible et jaloux.

Novembre 1882.

La Philosophie des Chats

A Henri Beauclair.

Non, je ne vous hais point, Rafales de l'automne,
Vents tristes, qui chantez votre hymne monotone
    Entre la poutre et le plancher,
Feuilles qui vous tordez en de lugubres danses,
Ni toi, dernier soupir des frêles existences
    Que l'hiver va bientôt trancher.

Mourant Automne au ciel tout gris, je t'aime encore,
Puisqu'à l'heure glacée où rien ne peut éclore,
    Tu rends au foyer ses feux clairs,

Et ramènes toujours, près de l'âtre rustique,
Les chats mystérieux, à tête énigmatique,
     Aux grands yeux câlins, doux et fiers.

L'été, hors du logis, parmi les tièdes herbes,
Les chats ont gambadé, vautrant leurs corps superbes,
     Et, pendant la nuit, sur les toits,
Dans l'ombre qui convient à leurs grands bonds lubriques,
Ils vous ont fait flamber, Prunelles électriques,
     En miaulant leur savant patois.

Sous le squelette noir des branches dépouillées,
Vous tombez sur le sol, feuilles mortes mouillées,
     Sans avoir joué même un peu,
Sans avoir, dans un gai rayon de soleil jaune,
— De l'astre moribond pauvre et suprême aumône, —
     Valsé votre valse d'adieu !

Il fait humide et froid, — et les chats, et les chattes,
Magiciens hier, qui battaient de leurs pattes
     Le zinc et l'ardoise des toits,
Ces nocturnes rôdeurs, ces sorciers, ces sorcières,
Accroupis près de l'âtre et fermant les paupières,
     Ont l'air parfaitement bourgeois.

Mais qu'un bruit imprévu vienne à se faire entendre :
Le chat qui sommeillait, insoucieux et tendre,
  Comme un petit baby qui dort,
Le chat tressaille, en proie à l'âpre inquiétude,
Et, méfiant, troublé dans sa béatitude,
  Ouvre son œil pailleté d'or.

Son œil vert, net et plein de bénigne malice,
Jusqu'à l'intrus — sur un rayon lumineux — glisse
  Un regard troublant et pipeur :
C'est qu'il est clairvoyant, cet œil doux et sceptique,
Où s'allume parfois un feu cabalistique
  Qui vous charme — et qui vous fait peur.

En vos longs corps soyeux que votre langue lustre,
O chats, un dieu fantasque alluma comme un lustre
  D'esprit capricant et malin,
Et, quand vous ronronnez, discrets, près de la flamme
Nul ne sait si vos cœurs ne recèlent point l'âme
  D'un Voltaire ou d'un Poquelin.

Sans doute, méprisant la facile faconde
Des orateurs du club et des poseurs du monde,
  Vous ne daignez parler jamais.

Vous n'en pensez pas moins, — et la Sottise humaine,
Entraînée au torrent de la parole vaine,
  Vous fige la langue au palais.

Vous surtout, si choyés de nos folles maîtresses,
Vous, ô chats du boudoir, qu'enivrent les caresses
  D'une petite et blanche main,
Silencieusement, oh! vous devez bien rire,
Si vous entr'ouvrez l'œil, — et si vous savez lire
  Au grimoire du cœur humain!

   Juillet 1882.

Aux Chercheurs de Pierreries

A Oscar Méténier.

VOTRE demeure est l'Ombre noire, et votre lit
Le granit. — La lanterne entre vos mains pâlit
Et de l'obscurité lève à peine les voiles,
Et vous creusez sans cesse, opiniâtrément,
Dans l'espoir de percer au sombre firmament
    Où des rubis sont les étoiles.

Vous dédaignez, mineurs — mineurs audacieux! —
L'irradiation du soleil dans les cieux,
Les couchants purpurins, les aubes irisées;
Aux jasmins, aux œillets vous préférez, mineurs,
Les saphirs; — à l'éclat des végétales fleurs,
    L'éclat des fleurs cristallisées.

Vous trouverez peut-être un antre souterrain,
Trésor caché de la Nature, immense écrin
Où gisent, par milliers, des roches d'émeraude,
Des monts de saphir clair, des tas de diamants
Si gros, que l'on pourrait, avec quelques fragments,
         Édifier une pagode.

Mais, pour que resplendisse et rayonne, ô mineurs,
De son éclat et de ses feux enlumineurs,
Ce monstrueux amas de rares pierreries,
Il faudra le frapper des flèches du soleil :
Le plus riche joyau, sous la terre, est pareil
         Aux plus viles verroteries.

L'Amour est un soleil. — Poète, il luit pour toi.
Veux-tu te dérober à l'inflexible loi ?
Vainement dans de l'or tu sertiras l'opale :
La gemme est pâle et terne à l'abri des rayons;
A l'abri de l'Amour, et quoi que nous fassions,
         La Poésie est terne et pâle.

Décembre 1882.

Les Immortels

VERS PIEUX

Rien ne manque à sa gloire; il manquait à la nôtre.

L'ACADÉMIE FRANÇAISE,
Inscription de la Statue de Molière.

I

PRESQUE tous amoureux d'une Muse fossile,
Bossuets congelés et Boileaux biscornus,
Drapés dans un manteau de dignité sénile,
Et coiffés de crânes chenus,

Fronts reluisant sous la clarté jaune des lampes,
Yeux caverneux, pareils à des tombeaux ouverts,
Ils sont là : les lauriers ont déserté leurs tempes
    Au contact des abat-jour verts.

Ils sont là, reposant sur leur chaise curule,
Tournés vers l'orateur qui leur verse un calmant,
Et qui, pour marier le plat au ridicule,
    Disserte académiquement.

Parmi ces dieux-élus de la littérature,
J'en vois à peine dix au front auréolé. —
Je ne les confonds pas avec la tourbe obscure :
    Ce n'est pas d'eux que j'ai parlé.

— Bienheureux auditeurs admis dans *cette enceinte*,
O mortels conviés à voir des immortels,
A vous mettre à genoux devant leur splendeur sainte,
    Comme au pied de vivants autels,

Irrésistiblement vaincus par l'ennui dense
Que répand autour d'eux leur Immortalité,
Bercés avec langueur par la molle cadence
    D'un vaste discours empâté,

N'avez-vous jamais vu, dans un flot de lumière,
Passer la vision de nos grands écrivains
Qui furent étrangers à ce *temple :* Molière
     Et Gautier, poètes divins?

Et Balzac! Et Flaubert!... Et tous ceux qui flamboient
Au milieu des vivants, mais ici pas encor!
Écoutez : les la Harpe et les roquets aboient
     Contre eux, qui vomissent de l'or!

II

Dans l'Azur étoilé, leur gloire
Rayonne avec sérénité :
Ils ont conquis, dans notre histoire,
Une vraie immortalité.

Bien que jamais dans cette salle
N'ait résonné leur grande voix,
Dressant leur taille colossale,
Ils resplendissent : je les vois!

Quoique l'*illustre Académie*
Ait renié leurs noms si beaux,
Et que la cabale ennemie
Ait sali jusqu'à leurs tombeaux, .

Par dessus ces têtes livides,
— Crânes couverts de parchemin,
Mesquins comme des coffres vides, —
Ils planent, se donnant la main !

Une belle et vaillante troupe
De ceux que la Muse enrôla
Autour d'eux vient former un groupe,
En chantant : — « Saluez ceux-là ! »

.　.　.　.　.　.　.　.　.　.　.　.

O Gautier, source de lumière,
Les immortels ont beau couvrir
Leurs yeux d'une opaque paupière :
Ils finiront par les ouvrir !

Comme ils ont acclamé Molière
Après l'avoir tant blasphémé,
Ils feront ta statue en pierre,
Un jour, mon Maître bien-aimé!

Alors, un Vengeur — un Apôtre —
Leur clamera : — « Taisez ce nom!
Rien ne manque à sa gloire, non;
Mais je veux qu'il manque à la vôtre! »

Juin 1882.

Épître à Boileau

A Emmanuel Briard.

O Nicolas Boileau, toi dont les œuvres sages,
Qu'émaillent, par endroits, de prudentes images,
Offrent à nos regards, rarement éblouis,
Sous un voile discret, les splendeurs de Louis ;
Toi dont la voix très ferme, encore que timide,
N'a pu faire jamais une paupière humide,
Comment de grands esprits, sous ton joug prosternés,
Ont-ils pris le sentier où tu les as menés ?
Comment, se dépouillant du manteau de trouvère,
Et pratiquant la loi de ton code sévère,
Ces dociles géants ont-ils pu se mouvoir

Dans cet étroit enclos où tu les as fait choir ?
— C'est qu'ils ont reconnu, dans ta manière rude,
Et de la symétrie et de la plénitude ;
Ah ! c'est que, Magister, tu n'es pas sans beauté
Dans la perfection de ta rigidité !
Vois : ma modeste Muse, aujourd'hui plus soumise,
T'obéit un instant, et se régularise
Jusqu'à parler ta langue, et jusqu'à s'incliner
Devant le dieu-tyran qui la veut bâillonner.

A tes vers cependant permets une critique.

Je ne suis pas de ceux dont l'ardente esthétique,
Traitant de *rococo* ton style tant vanté,
Insulte impudemment à ta sobriété.
Mais pourquoi, dans ton œuvre égale, froide et belle,
L'Émotion est-elle à la Rime rebelle ?
Oh ! pourquoi, Despréaux, ne sais-tu pas pleurer ?
Si je sentais ton cœur, je pourrais t'admirer.

Il faut que la Pitié, fécondant la Matière,
Donne un vaste soupir à la Nature entière,
Et que la Gaîté même ait une larme à l'œil.
L'Insensibilité, c'est le morne cercueil

De l'âme qui rechigne aux passions fécondes ;
La Pitié, c'est la mer des voluptés profondes !
Que diraient les grands Bois à l'homme dégoûté,
S'ils demeuraient plongés dans l'immobilité ?
Si la Brise, à travers leur branchage qui ploie
Chuchotant mollement, ne portait à la joie ?
Nous que berce, sous leur ramure qui jaunit,
Un sentiment de paix et de calme infini,
Ah ! nous le sentons bien, que nous sommes les frères
De ces arbres en proie aux bises funéraires ;
Comme eux, nous résistons aux grands tourbillons fous
Car l'hiver est le même et pour eux et pour nous,
Et, pareil à leur front, notre front se dépouille.
Le rossignol, perché sur leurs branches, gazouille
Un cantique embaumé de tendresse et d'ardeur,
Comme l'Amour, — oiseau perché sur notre cœur !

Tu ne l'as pas compris, Despréaux ; c'est ton crime.
Le Sentiment absent, que m'importe la Rime ?
Voici notre esthétique, à nous : savoir pleurer !
La harpe de l'Esprit a pu chez toi vibrer,
Mais la harpe du Cœur, ô Maître, était muette...
Et c'est pourquoi jamais tu n'as été poète !

Septembre 1881.

Apothéose

―――――

A Emmanuel des Essarts.

I

LE front dans les deux mains, et sanglotant de rage,
Le Poète sentit défaillir son courage :

— « Oh ! dût de mon gosier jaillir un flot de sang,
Je voudrais que mon cri retentît si puissant,
Qu'immuable, à travers tout ce qui change ou passe,
Il se perpétuât dans le Temps et l'Espace,
Et roulât, comme un fleuve, au sein du firmament,
Sa large onde sonore, intarissablement ;

Et que l'oreille fût à l'ouïr *condamnée*
Comme l'arbre à verdir, puis jaunir, chaque année,
Ou l'œil à contempler la splendeur du soleil!...
Mais mon cri — si vibrant fût-il — serait pareil
Au tonnerre lointain expirant dans la nue;
Mon œuvre, dans mille ans, ne serait plus connue;
Mon nom disparaîtrait lui-même, ayant sombré
Dans l'Oubli, comme en mer un brick désemparé.
Car la Gloire est fragile; elle ment au Génie :
Ce que consacre un Siècle, un autre le renie;
Ce qui, pour nous, est neuf, ne sera plus demain
Qu'un vieux thème banal, aux yeux du genre humain.
Les Goûts changent souvent; la Mémoire est bornée,
Et des livres nouveaux surgissent chaque année :
Sur l'œuvre du Passé l'œuvre de l'Avenir
S'accumule, — et jamais le soir ne doit brunir,
Où meure de l'Esprit la force créatrice,
Où du Talent fécond la source se tarisse.
Vil atome éphémère à l'Océan jeté,
Je ne puis faire rien pour l'immortalité.
Tel par son dévoûment, tel autre par son crime,
Celui-ci par l'effort de son pinceau sublime,
Celui-là par son vers magique et souverain,
Et cet autre par son ciseau qui mord l'airain,

Tous ont gravé leurs noms sur le roc de l'histoire ;
Ils se croient immortels : et n'ont-ils pas la gloire ?
L'éternel flot qui monte en grondant, insensés,
Passera sur vos noms : ils seront effacés. —
Nous servons sans espoir une Muse cruelle.
Puisqu'il en est ainsi, jetons là la truelle,
Maçons de la Pensée Humaine, et livrons-nous
Au stérile repos, très logique et très doux ! »

II

Or, cependant qu'en proie à l'âpre défaillance,
Dans le flot de ses pleurs Il noyait sa souffrance,
A l'espoir renaissant son cœur s'abandonna.
Dans l'ombre, tout à coup, son œil s'illumina ;
Il eut le sentiment que son Œuvre était belle,
Et sur son front brilla l'auréole immortelle.

Octobre 1882.

Je me suis contredit maintes fois; mais ce livre
En étant plus logique, eût été moins loyal;
J'ai dit blanc en Nivose et vert en Prairial :
Mes indécisions, Lecteur, je te les livre.

La Chair me plaît, et non le Marbre glacial;
Mais, en restant humain, j'ai tâché d'être artiste :
Sur l'écrin de mes vers, d'où le strass est exclu,
Agitant le flambeau de mon cœur, j'ai voulu
Mettre un rayon vivant dans la froide améthyste.

Octobre 1883.

S. DE G.

TABLE
DES MATIÈRES

TABLE

DES MATIÈRES

II

HEURES DE SOLEIL

TABLE 16

Achevé d'imprimer

Le dix octobre mil huit cent quatre-vingt-trois

PAR CH. UNSINGER

POUR

ALPHONSE LEMERRE, ÉDITEUR

A PARIS

ŒUVRES COMPLÈTES
DE
FRANÇOIS COPPÉE
Édition in-18 jésus, papier vélin.

POÉSIE

Paris. — Charles Unsinger, Imprimeur, 83, rue du Bac.